3 rue de l'église, 91430 Igny
Dépôt légal : Août 2021
ISBN 978-2-492960-05-5
Imprimé à la demande par Amazon
Loi n° 49-956 du 16 juillet 1949 sur les publications destinées à la jeunesse

I can count in Kirundi
Je peux compter en Kirundi
Ndashobora guharura mu Kirundi

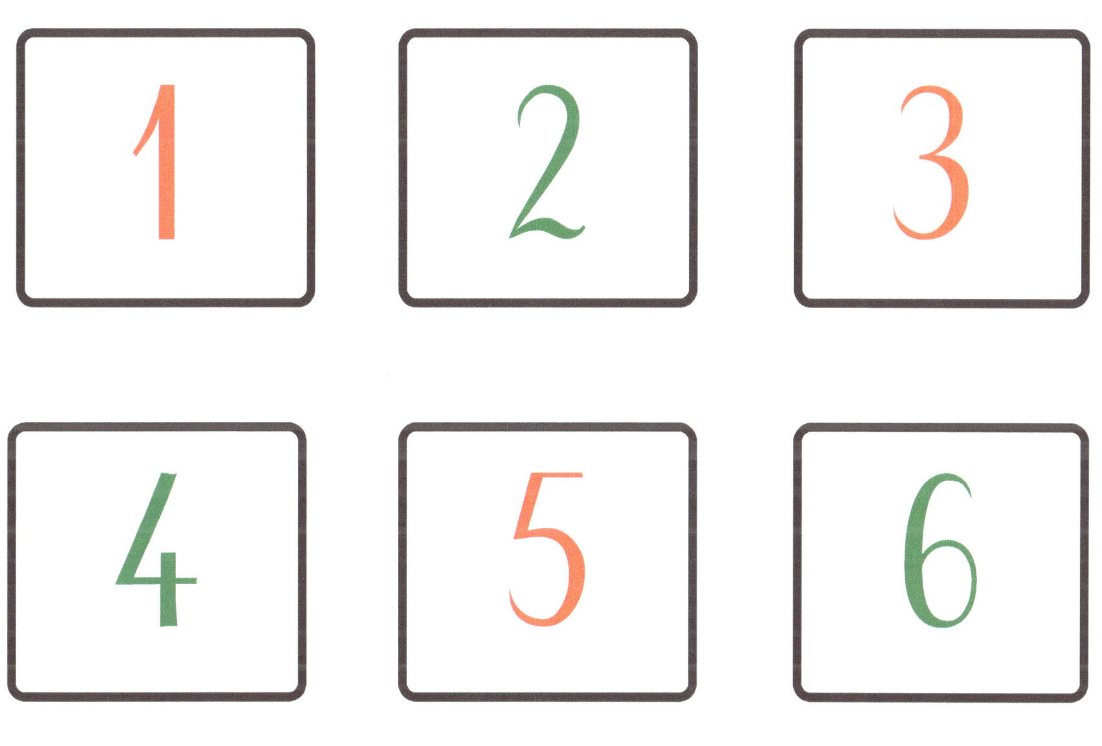

Lionel Kubwimana

Ndakunda Ikirundi

1

one

un

rimwe

one child
un enfant

umwana umwe

one sheep
un mouton

intama imwe

one egg
un oeuf

igi rimwe

one mug
un gobelet

igikombe kimwe

one bread
un pain

umukate umwe

2

two
deux

kabiri

two children deux enfants		abana babiri
two sheeps deux moutons		intama zibiri
two eggs deux oeufs		amagi abiri
two mugs deux gobelets		ibikombe bibiri
two breads deux pains	 	imikate ibiri

3

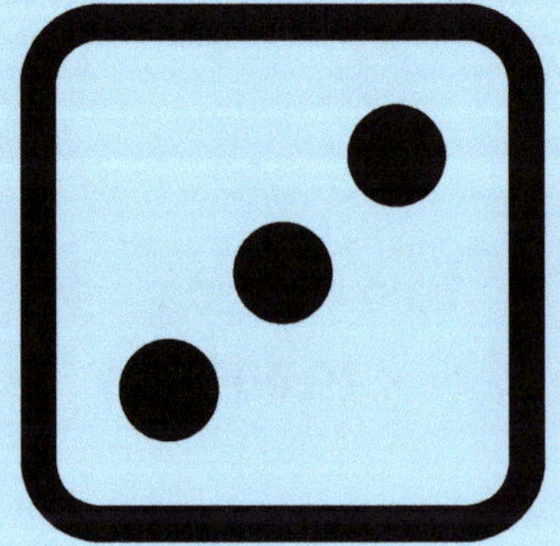

three

trois

gatatu

three children
trois enfants

abana batatu

three sheeps
trois moutons

intama zitatu

three eggs
trois oeufs

amagi atatu

three mugs
trois gobelets

ibikombe bitatu

three breads
trois pains

imikate itatu

4

four

quatre

kane

four children
quatre enfants

abana bane

four sheeps
quatre moutons

intama zine

four eggs
quatre oeufs

amagi ane

four mugs
quatre gobelets

ibikombe bine

four breads
quatre pains

imikate ine

5

five
cinq

gatanu

five children cinq enfants		abana batanu
five sheeps cinq moutons		intama zitanu
five eggs cinq oeufs		amagi atanu
five mugs cinq gobelets		ibikombe bitanu
five breads cinq pains		umikate itanu

6

six

six

gatandatu

six children
six enfants

abana batandatu

six sheeps
six moutons

intama zitandatu

six eggs
six oeufs

amagi atandatu

six mugs
six gobelets

ibikombe bitandatu

six breads
six pains

imikate itandatu

7

seven
sept

indwi

seven children
sept enfants

abana indwi

seven sheeps
sept moutons

intama indwi

seven eggs
sept oeufs

amagi indwi

seven mugs
sept gobelets

ibikombe indwi

seven breads
sept pains

imikate indwi

eight
huit

umunani

eight children
huit enfants

abana umunani

eight sheeps
huit moutons

intama umunani

eight eggs
huit oeufs

amagi umunani

eight mugs
huit gobelets

ibikombe umunani

eight breads
huit pains

imikate umunani

nine

neuf

icenda

nine children
neuf enfants

abana icenda

nine sheeps
neuf moutons

intama icenda

nine eggs
neuf oeufs

amagi icenda

nine mugs
neuf gobelets

ibikombe icenda

nine breads
neuf pains

imikate icenda

10

ten
dix

icumi

ten children
dix enfants

abana icumi

ten sheeps
dix moutons

intama icumi

ten eggs
dix oeufs

amagi icumi

ten mugs
dix gobelets

ibikombe icumi

ten breads
dix pains

imikate icumi

Access the audio recordings of the
words by scanning this QR code.

Accédez aux enregistrements audios
des mots en scannant ce QR code.

In the same collection
Dans la même collection

My first picture book in Kirundi
Mon premier imagier en Kirundi
Amashushanyo y'amajambo y'Ikirundi
Lionel Kubwimana
Ndakunda Ikirundi

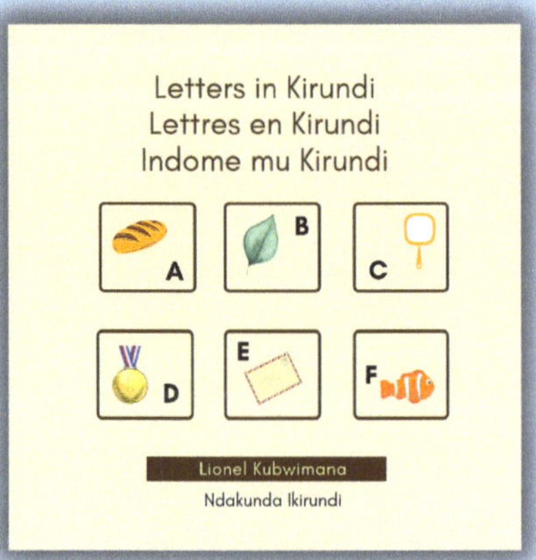

Letters in Kirundi
Lettres en Kirundi
Indome mu Kirundi
Lionel Kubwimana
Ndakunda Ikirundi

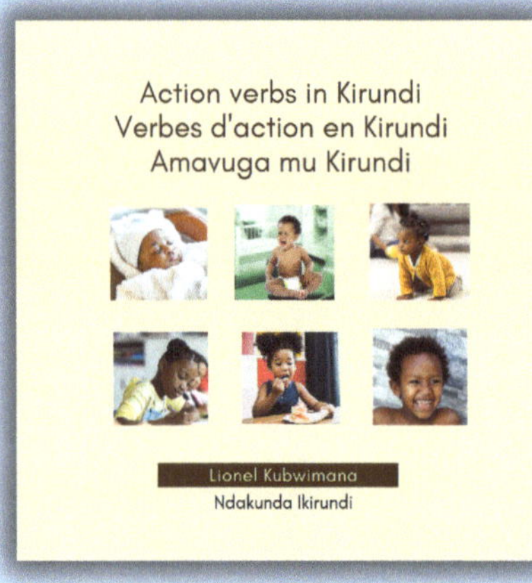

Action verbs in Kirundi
Verbes d'action en Kirundi
Amavuga mu Kirundi
Lionel Kubwimana
Ndakunda Ikirundi

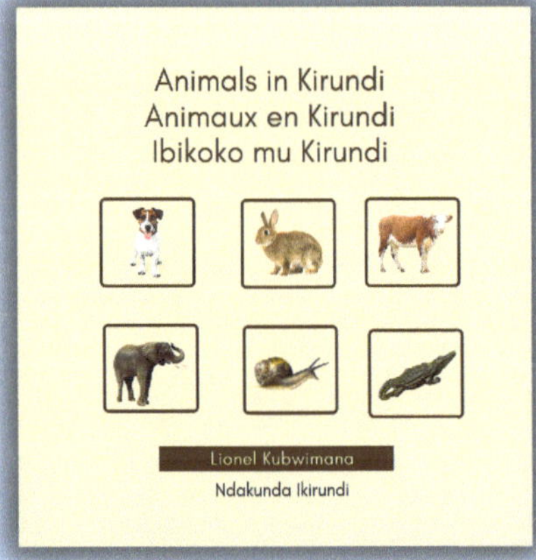

Animals in Kirundi
Animaux en Kirundi
Ibikoko mu Kirundi
Lionel Kubwimana
Ndakunda Ikirundi

Fruits and vegetables in Kirundi
Fruits et légumes en Kirundi
Ivyamwa n'imboga mu Kirundi
Lionel Kubwimana
Ndakunda Ikirundi